Namenwörter

Ordne die Namenwörter.

die Oma	die Palme	der Löwe	die Tochter
die Ente	die Freundin	der Opa	die Blume
die Frau	das Gras	die Eule	der Bruder
der Baum	der Hase	die Schwester	der Fisch
die Maus	der Junge	der Frosch	der Busch
die Tante	der Strauch	die Raupe	die Eltern

Menschen

die Oma

Tiere

der Löwe

Pflanzen

die Palme

Namenwörter

Ordne die Namenwörter.			
die Haut	die Lampe	die Melone	der Hals
das Auto	das Bein	der Kalender	der Apfel
die Nase	die Banane	das Auge	die Seife
der Arm	die Ampel	die Birne	der Bauch
das Buch	das Gesicht	der Salat	die Zitrone
der Kopf	die Tomate	der Finger	die Gurke

Körperteile

die Haut

Obst und Gemüse

die Melone

Dinge

die Lampe

Namenwörter

Ordne die Namenwörter.			
der April	die Gabel	Tom	die Hose
Lena	der Oktober	die Schere	Peter
der Tisch	Sonja	die Tasche	der Juli
Martin	der September	der Eimer	Anja
der Juni	das Telefon	Tim	der Stift
Heidi	das Fenster	der Dezember	die Kerze

Dinge

die Gabel

Namen

Tom

Monate

der April

Namenwörter

Ordne die Namenwörter.

der Samen	die Zeitung	der Morgen	das Paket
die Stunde	der Ast	der Pinsel	die Minute
das Regal	die Sekunde	die Tür	die Frucht
der Ring	die Blüte	die Woche	das Heft
die Wurzel	der Winter	das Sofa	der Monat
die Nacht	der Hut	die Rinde	der Topf

Dinge

die Zeitung

Zeit / Tageszeit / Jahreszeit

der Morgen

Pflanzenteile

der Samen

Namenwörter

Kreuze an.

Namenwörter werden großgeschrieben.		☐ ja	☐ nein
Namenwörter haben Begleiter (der, die, das).		☐ ja	☐ nein

Welches Namenwort gehört zu dem Bereich "Menschen"?

☐ die Zahl ☐ der Zucker ☐ der Sohn ☐ die Wiese

Welches Namenwort gehört zu dem Bereich "Tiere"?

☐ der Onkel ☐ der Abend ☐ das Kleid ☐ die Biene

Welches Namenwort gehört zu dem Bereich "Pflanzen"?

☐ der August ☐ der Ball ☐ die Hecke ☐ das Geld

Welches Namenwort gehört zu dem Bereich "Körperteile"?

☐ der Fuß ☐ der Dienstag ☐ der Brief ☐ die Familie

Welches Namenwort gehört zu dem Bereich "Obst und Gemüse"?

☐ der Zahn ☐ die Zwiebel ☐ das Zimmer ☐ der Wind

Welches Namenwort gehört zu dem Bereich "Dinge"?

☐ der Rücken ☐ die Kuh ☐ der Frühling ☐ der Schuh

Welches Namenwort gehört zu dem Bereich "Zeit"?

☐ der Tag ☐ der Computer ☐ der Freund ☐ das Blatt

Welches Namenwort gehört zu dem Bereich "Jahreszeit"?

☐ das Mädchen ☐ die Pommes ☐ der Sommer ☐ der Käfer

Welches Namenwort gehört zu dem Bereich "Pflanzenteile"?

☐ der Januar ☐ der Stängel ☐ das Pferd ☐ der Sand

Namenwörter

Schreibe die Mehrzahl.

eine Ampel	n	ein Auge	n
viele Ampeln		viele	
eine Schule	n	eine Tasche	n
viele		viele	
eine Hose	n	eine Ente	n
viele		viele	
eine Frage	n	eine Nase	n
viele		viele	
eine Raupe	n	eine Blume	n
viele		viele	
eine Stunde	n	eine Woche	n
viele		viele	
eine Blüte	n	eine Eule	n
viele		viele	
eine Schere	n	ein Name	n
viele		viele	
eine Birne	n	ein Hase	n
viele		viele	
eine Wurzel	n	ein Junge	n
viele		viele	
eine Minute	n	eine Tante	n
viele		viele	
eine Schwester	n	eine Aufgabe	n
viele		viele	

! Kinder mit Schwierigkeiten bei der Mehrzahlbildung können sich an den Hilfen in den Graufeldern orientieren.

Namenwörter

Schreibe die Mehrzahl.

ein Fisch	e	ein Arm	e
viele Fische		viele	
ein Bein	e	ein Brot	e
viele		viele	
ein Monat	e	ein Stift	e
viele		viele	
ein Mensch	en	eine Tür	en
viele		viele	
eine Frau	en	ein Fels	en
viele		viele	
ein Geist	er	ein Nest	er
viele		viele	
ein Licht	er	ein Gesicht	er
viele		viele	
ein Auto	s	ein Foto	s
viele		viele	
ein Finger	=	ein Flügel	=
viele		viele	
ein Körper	=	ein Fenster	=
viele		viele	

Kreuze an.

Zu vielen Namenwörtern gibt es Einzahl und Mehrzahl.	☐ ja	☐ nein
Einzahl und Mehrzahl werden immer gleich geschrieben.	☐ ja	☐ nein

Namenwörter

Kreuze die Namenwörter an und schreibe sie groß.

☐ schmal	☒ rose	☒ tisch	☒ banane
Rose	Tisch	Banane	
☐ raupe	☐ leicht	☐ auge	☐ woche
☐ eule	☐ leise	☐ baum	☐ schwester
☐ winter	☐ ampel	☐ stark	☐ haus
☐ kuchen	☐ heidi	☐ schlau	☐ apfel
☐ kalt	☐ nebel	☐ tasche	☐ gesicht
☐ bein	☐ frau	☐ löwe	☐ lang
☐ hase	☐ falsch	☐ körper	☐ flasche
☐ gras	☐ stift	☐ martin	☐ eng
☐ klein	☐ august	☐ sofa	☐ flügel
☐ auto	☐ bruder	☐ ente	☐ langsam
☐ teuer	☐ blume	☐ garten	☐ freundin

! Die Verfahren zum Erkennen von Namenwörtern sollten mit den Kindern besprochen werden.

Namenwörter

Kreuze die Namenwörter an und schreibe sie groß.

☐ bauch	☐ hose	☐ breit	☐ brot
☐ weit	☐ kopf	☐ maus	☐ sekunde
☐ ast	☐ nacht	☐ salat	☐ quer
☐ frucht	☐ wort	☐ fein	☐ fenster
☐ nase	☐ dach	☐ maja	☐ frisch
☐ hart	☐ tante	☐ paket	☐ telefon
☐ saft	☐ schlecht	☐ tür	☐ gemüse
☐ jan	☐ kraut	☐ neu	☐ aufgabe
☐ monat	☐ schwer	☐ strauch	☐ tochter
☐ schön	☐ quadrat	☐ stange	☐ dezember
☐ minute	☐ busch	☐ kalender	☐ warm
☐ frei	☐ insel	☐ name	☐ brötchen

Zusammengesetzte Namenwörter

Schreibe die zusammengesetzten Namenwörter.

Glas + Flasche	Glas + Tisch
Glasflasche	Glastisch
Apfel + Kuchen	Apfel + Baum
Regen + Wolke	Regen + Schirm
Dach + Fenster	Dach + Boden
Winter + Mantel	Winter + Monat
Haus + Tür	Haus + Dach
Kopf + Tuch	Kopf + Salat
Garten + Haus	Garten + Zaun
Sport + Hose	Sport + Stunde
Frucht + Saft	Frucht + Eis
Brot + Scheibe	Brot + Krümel
Post + Bote	Post + Auto

Zusammengesetzte Namenwörter

Schreibe die zusammengesetzten Namenwörter.

Winter + Kleidung	Winter + Anfang
Apfel + Saft	Apfel + Schale
Regen + Wurm	Regen + Tropfen
Tisch + Bein	Tisch + Tuch
Auto + Dach	Auto + Reifen
Finger + Nagel	Finger + Farbe
Haus + Flur	Haus + Aufgabe
Kopf + Haut	Kopf + Wunde
Fisch + Auge	Fisch + Maul
Winter + Ende	Winter + Zeit
Apfel + Schorle	Apfel + Ernte
Regen + Bogen	Regen + Mantel

Zusammengesetzte Namenwörter

Schreibe die zusammengesetzten Namenwörter.

Kinder	+	Sendung	Kinder	+	Kleidung
Kinder	+	Buch	Kinder	+	Schere
Kleider	+	Haken	Kleider	+	Bügel
Eier	+	Kuchen	Eier	+	Becher
Augen	+	Farbe	Augen	+	Braue
Enten	+	Küken	Enten	+	Teich
Hosen	+	Bein	Hosen	+	Tasche
Nasen	+	Loch	Nasen	+	Tropfen
Seifen	+	Blase	Seifen	+	Schaum
Taschen	+	Buch	Taschen	+	Lampe
Wochen	+	Ende	Wochen	+	Markt
Hunde	+	Schnauze	Hunde	+	Leine

Zusammengesetzte Namenwörter

Trenne die zusammengesetzten Namenwörter.			
Tisch|lampe	Tisch	+	Lampe
Haus|eingang		+	
Eiszeit		+	
Ledertasche		+	
Winterschal		+	
Gartenblume		+	
Halstuch		+	
Fruchtsalat		+	
Mantelknopf		+	
Tafelkreide		+	
Feuerleiter		+	
Astgabel		+	
Zebrastreifen		+	
Salatgurke		+	
Baumhaus		+	
Autotür		+	
Kuchengabel		+	
Nachtgespenst		+	

! Die Großschreibung beider Namenwörter sollte mit den Kindern besprochen werden.

Zusammengesetzte Namenwörter

Trenne die zusammengesetzten Namenwörter.

Elternhaus		+	
Wintersport		+	
Lichtschalter		+	
Fensterscheibe		+	
Krautsalat		+	
Wundertüte		+	
Baumwurzel		+	
Gartenschere		+	
Gemüsesaft		+	
Postpaket		+	
Regenzeit		+	
Autoschlange		+	
Weltkugel		+	
Fischteich		+	
Dachgarten		+	
Ledersofa		+	
Glastür		+	
Brotdose		+	

Zusammengesetzte Namenwörter

Trenne die zusammengesetzten Namenwörter.

Kinderwagen		+	
Kindergarten		+	
Bilderbuch		+	
Bücherwurm		+	
Geisterstunde		+	
Eierbecher		+	
Hosenknopf		+	
Nasenring		+	
Stundenplan		+	
Taschentuch		+	
Lampenschirm		+	
Pausenbrot		+	
Augenlicht		+	
Seifenschale		+	
Dosenfisch		+	
Rosenblüte		+	
Blumentopf		+	
Hundeknochen		+	

Groß- und Kleinschreibung

Unterstreiche die Namenwörter. Schreibe die Sätze richtig.

X	An der ampel warten kleine kinder und singen.	2
○	Drei hunde und ein hase laufen über die felder.	3
○	Wir lesen eine geschichte über altes gemüse.	2
○	Über peters nase wandern zwei grüne raupen.	3
○	Der kopf und der bauch gehören zum körper.	3
○	Die beine der maus sind kürzer als eine nudel.	3

An der Ampel warten kleine Kinder und singen.

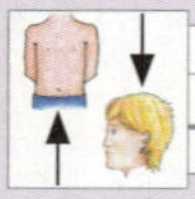

! Die unterstrichene graue Zahl zeigt die Anzahl der Namenwörter an.

Groß- und Kleinschreibung

Unterstreiche die Namenwörter. Schreibe die Sätze richtig.

- ☒ Das buch über eine grüne hose kostet acht euro. 3
- ◯ Hinter dem haus ist ein garten mit einem baum. 3
- ◯ Das gesicht von mama ist so rot wie ein apfel. 3
- ◯ In der schule rechnen wir eine leichte aufgabe. 2
- ◯ Der kleine wim und seine tante braten zwei eier. 3

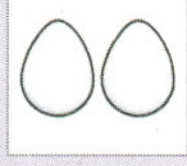

Das Buch über eine grüne Hose kostet acht Euro.

1+1=2

Kreuze an.

Am Satzanfang steht immer ein Namenwort.	☐ ja	☐ nein
Namenwörter und Satzanfänge schreibt man groß.	☐ ja	☐ nein

Schreibe die Wörter mit x.

~~Praxis~~	Hexe	Taxi	Max	Text
extra	Experte	Mexiko	mixen	Alexandra
boxen	Axel	Axt	Nixe	Lexikon

Praxis

Trage die Wörter mit x in die Lücken ein.

Hexe • Lexikon • Taxi • ~~Mexiko~~ • mixen • Text • Praxis • Axt

Mexiko ist ein großes Land in Südamerika.

Alexandra liest ihren ____ stolz der ganzen Klasse vor.

Die kleine ____ zaubert für ihre Freunde einen Kuchen herbei.

Max möchte etwas wissen. Er liest in einem ____ nach.

Alex und Axel ____ gekochtes Gemüse mit einem Mixer.

Der Kinderarzt untersucht Felix in seiner ____.

Sei vorsichtig mit der ____! Sie ist sehr scharf.

Tante Maxi und ihr Hund Rex fahren mit dem ____ zum Bahnhof.

Pf- pf-

Schreibe die Wörter mit **Pf-/pf-**.

Pf~~a~~u	Pfeil	pflegen	Pfeiler	pfeifen
Pfosten	Pflaume	pflügen	Pfote	pflanzen
Pfirsich	Pflaster	Pfeife	Pflicht	Pflanze

Pfau

Trage die Wörter mit **Pf-/pf-** in die Lücken ein.

Pfeil • Pflicht • Pflaster • pflanzen • Pflaume • pflegen • Pfo~~s~~ten • Pfau

Der Stürmer trifft mit seinem Kopfball nur den Pfosten.

Die Indianer haben früher oft mit ______ und Bogen gejagt.

Wir Menschen haben die ______, die Natur zu schützen.

Lea und Leo haben zwei Hasen. Sie ______ die Tiere gut.

Mama klebt ein ______ über die kleine Wunde am Finger.

Ein männlicher ______ hat lange, bunte Schwanzfedern.

Oma und Opa ______ einen Apfelbaum im Garten.

In jeder ______ und jeder Kirsche steckt ein harter Stein.

nk

Schreibe die Wörter mit nk.

winken	dunkel	stinken	schenken	danken
Bank	schlank	denken	Onkel	Anker
Schminke	trinken	zanken	krank	Schrank

winken

Trage die Wörter mit nk in die Lücken ein.

Bank • Punkt • Onkel • danken • denken • trinken • dunkel • krank

Nach einem Satz steht oft ein Punkt.

Für das schöne Geschenk möchte ich dir ________.

Der Bruder von Leos Mutter ist Leos ________.

Am Tag ist es hell. In der Nacht ist es ________.

Frank ist ________. Er hat Husten und Schnupfen.

Anke hat Durst. Sie möchte gerne etwas ________.

Eine Frau und ihr Enkel sitzen im Park auf einer ________.

Erst ________ wir nach. Dann lösen wir die Aufgabe.

Schreibe die Wörter mit -z.

Harz	ganz	Kranz	kurz	Filz
Herz	Prinz	schwarz	stolz	Holz
Salz	Kreuz	Pilz	Schwanz	Pelz

Trage die Wörter mit -z in die Lücken ein.

Pilz • Salz • Prinz • Holz • Kreuz • Herz • schwarz • ganz

Endlich hat der ______ seine Prinzessin gefunden!

Ina war gestern Abend ______ allein zu Hause.

Oma und Opa essen jeden Sonntag ein Ei mit ______.

Der Schreiner hat einen schönen Tisch aus ______ gebaut.

Das ______ pumpt unser Blut durch unseren Körper.

Auf dem Gipfel des Berges steht ein großes ______.

Nicht jeden ______ kann man essen. Einige sind sehr giftig!

Dennis hat blonde Haare. Kevins Haare sind ______.

Unterstreiche die Namenwörter. Schreibe die Sätze richtig.

- [x] Die <u>pfirsiche</u> und <u>pflaumen</u> sind aus dem <u>garten</u>. 3
- [ ] Die eltern von elke pflegen einen sehr alten pfau. 3
- [ ] In der tasche sind zwei pflaster und drei pfeifen. 3
- [ ] Die enkel danken ihrer oma für viele geschenke. 3
- [ ] Die schlanke anke wartet oft vor einer schranke. 2
- [ ] Ein junge malt einige graue punkte mit schminke. 3

Die Pfirsiche und Pflaumen sind aus dem Garten.

Abschreiben

Reimpaare

Schreibe die Texte auf Seite 24 neben die passenden Bilder.

☒	Türen haben Klinken. Die sind blank und blinken.	nk
○	Erst sinken die Anker. Dann tanken die Tanker.	nk
○	Ankes Geschenk stinkt leider nach faulen Eiern.	nk
○	Fünf kleine Finken trinken flink aus einem Teich.	nk
○	Frank schaut in den Schrank. Dort ist es dunkel.	nk
○	Bronko schenkt dem kranken Onkel eine Bank.	nk
○	Franz bastelt sich einen Pilz aus Filz und Holz.	-z
○	Salz ist nicht gut für das Herz von Prinz Heinz.	-z
○	Die Banane ist alt. Die Schale ist ganz schwarz.	-z

Schreibe die Reimpaare.

Enkel	danken	denken	krank	trinken	Kranz
Pilz	schwarz	Salz	Bank	ganz	schenken
Schmalz	Henkel	zanken	Harz	Filz	stinken

Enkel
Henkel

Neben den Abschreibsätzen wird jeweils auf den rechtschreiblichen Schwerpunkt verwiesen.

Abschreiben

Schreibe die Texte von Seite 23 neben die passenden Bilder.

Türen haben Klinken. Die sind blank und blinken.

5
Finken

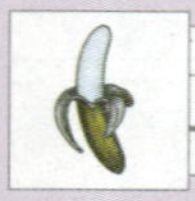

-d -g -b

Schreibe die Namenwörter mit -d, -g und -b.

der Wind	der Freund	die Hand	der Hund	das Bild	das Feld
das Kind	das Kleid	das Hemd	der Zug	der Tag	der Weg
der Berg	der Zwerg	der Zweig	das Kalb	der Korb	der Urlaub

-d

viele Winde	viele Freunde	viele Hände
der Wind	der Freund	
viele Hunde	viele Bilder	viele Felder
viele Kinder	viele Kleider	viele Hemden

-g

viele Züge	viele Tage	viele Wege
viele Berge	viele Zwerge	viele Zweige

-b

viele Kälber	viele Körbe	viele Urlaube

Kreuze an.

Das d am Ende der Wörter hört sich an wie ein ☐ d. ☐ t.

Das g am Ende der Wörter hört sich an wie ein ☐ g. ☐ k. ☐ ch.

Das b am Ende der Wörter hört sich an wie ein ☐ b. ☐ p.

d oder t

viele Rekor d e der Rekor d — d oder t	viele Äs t e der As t — d oder t	viele Freun___e der Freun___ — d oder t
viele Hän___e die Han___ — d oder t	viele Wän___e die Wan___ — d oder t	viele Näch___e die Nach___ — d oder t
viele Stif___e der Stif___ — d oder t	viele Früch___e die Fruch___ — d oder t	viele Hun___e der Hun___ — d oder t
viele Pfer___e das Pfer___ — d oder t	viele Win___e der Win___ — d oder t	viele Aben___e der Aben___ — d oder t
viele Mona___e der Mona___ — d oder t	viele Quadra___e das Quadra___ — d oder t	viele Bro___e das Bro___ — d oder t
viele Fel___er das Fel___ — d oder t	viele Wäl___er der Wal___ — d oder t	viele Gel___er das Gel___ — d oder t
viele Bil___er das Bil___ — d oder t	viele Schil___er das Schil___ — d oder t	viele Län___er das Lan___ — d oder t
viele Lich___er das Lich___ — d oder t	viele Gesich___er das Gesich___ — d oder t	viele Mün___er der Mun___ — d oder t
viele Kin___er das Kin___ — d oder t	viele Klei___er das Klei___ — d oder t	viele Hem___en das Hem___ — d oder t

! Das Verfahren zur Ableitung durch Umformen sollte mit den Kindern besprochen werden.

-g -b

g oder k

viele Zü**g**e / der Zu**g** — (g) oder k	viele Geträn**k**e / das Geträn**k** — g oder (k)	viele Ta___e / der Ta___ — g oder k
viele Ber___e / der Ber___ — g oder k	viele Zwer___e / der Zwer___ — g oder k	viele We___e / der We___ — g oder k
viele Erfol___e / der Erfol___ — g oder k	viele Katalo___e / der Katalo___ — g oder k	viele Krü___e / der Kru___ — g oder k
viele Bän___e / die Ban___ — g oder k	viele Schrän___e / der Schran___ — g oder k	viele Geschen___e / das Geschen___ — g oder k
viele Flü___e / der Flu___ — g oder k	viele Anzü___e / der Anzu___ — g oder k	viele Zwei___e / der Zwei___ — g oder k
viele Schlä___e / der Schla___ — g oder k	viele Freita___e / der Freita___ — g oder k	viele Samsta___e / der Samsta___ — g oder k
viele Fahrzeu___e / das Fahrzeu___ — g oder k	viele Fabri___en / die Fabri___ — g oder k	viele Bur___en / die Bur___ — g oder k

b oder p

viele Sie**b**e / das Sie**b** — (b) oder p	viele Die___e / der Die___ — b oder p	viele Stä___e / der Sta___ — b oder p
viele Kör___e / der Kor___ — b oder p	viele Urlau___e / der Urlau___ — b oder p	viele Käl___er / das Kal___ — b oder p

-d -g -b

d oder t

☐ Brod	☒ Brot	☒ Mund	☐ Munt	☐ Bild	☐ Bilt
Brot		Mund			
☐ Feld	☐ Felt	☐ Monad	☐ Monat	☐ Pferd	☐ Pfert
☐ Freund	☐ Freunt	☐ Nachd	☐ Nacht	☐ Geld	☐ Gelt
☐ Stifd	☐ Stift	☐ Kind	☐ Kint	☐ Kleid	☐ Kleit
☐ Hand	☐ Hant	☐ Hemd	☐ Hemt	☐ Wind	☐ Wint
☐ Hund	☐ Hunt	☐ Asd	☐ Ast	☐ Abend	☐ Abent

g oder k

☒ Berg	☐ Berk	☐ Schrang	☐ Schrank	☐ Weg	☐ Wek
Berg					
☐ Zwerg	☐ Zwerk	☐ Tag	☐ Tak	☐ Krug	☐ Kruk
☐ Zug	☐ Zuk	☐ Burg	☐ Burk	☐ Zweig	☐ Zweik

b oder p

☒ Kalb	☐ Kalp	☐ Stab	☐ Stap	☐ Korb	☐ Korp
Kalb					
☐ Leib	☐ Leip	☐ Grab	☐ Grap	☐ Urlaub	☐ Urlaup

Abschreiben Reimpaare

Schreibe die Texte auf Seite 30 neben die passenden Bilder.

X	Papa kauft Hemden. Jedes Hemd ist ihm zu eng.	-d
◯	Pferde mögen Gras und Heu. Ein Pferd hat Hufe.	-d
◯	Die Kinder flüstern. Nur ein Kind schreit herum.	-d
◯	Lena hat schwarze Hunde. Leons Hund ist braun.	-d
◯	Oft sind die Winde kalt. Heute ist der Wind warm.	-d
◯	Die Bilder im Museum sind rosa. Ein Bild ist rot.	-d
◯	Von diesen Wegen ist nur ein Weg nicht falsch.	-g
◯	Tage sind gleich lang. Ein Tag hat 24 Stunden.	-g
◯	Zwerge sind klein. Ein Zwerg hat winzige Kleider.	-g

Schreibe die Reimpaare.

~~Zug~~	Zwerg	Zweig	Weg	Land	Wind
Hund	Bild	Geld	Hand	Kind	Steg
Berg	Teig	Mund	~~Krug~~	Schild	Feld

Zug
Krug

Abschreiben

Schreibe die Texte von Seite *29* neben die passenden Bilder.

Papa kauft Hemden. Jedes Hemd ist ihm zu eng.

24
Stunden

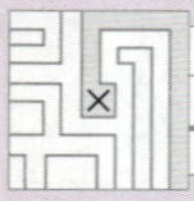

-g -d -b

Schreibe die Wiewörter mit -g, -d und -b.

lustig	mutig	sandig	durstig	wichtig	richtig
blond	fremd	gesund	wild	blind	rund
taub	herb	gelb	trüb	halb	grob

-g

ein lustiger Lehrer lustig	ein mutiger Junge mutig	ein sandiger Platz
ein durstiges Kamel	eine wichtige Arbeit	eine richtige Antwort

-d

ein blondes Mädchen	eine fremde Stadt	ein gesunder Apfel
eine wilde Oma	ein blinder Maulwurf	ein runder Ballon

-b

ein tauber Mann	eine herbe Frucht	eine gelbe Banane
ein trüber See	eine halbe Pizza	eine grobe Wurst

Kreuze an.

Das g am Ende der Wörter hört sich an wie ein ☐ g. ☐ k. ☐ ch.

Das d am Ende der Wörter hört sich an wie ein ☐ d. ☐ t.

Das b am Ende der Wörter hört sich an wie ein ☐ b. ☐ p.

g oder k

eine schwieri g e Aufgabe schwieri g	(g) oder k
ein star k er Ast star k	g oder (k)
ein muti ___ es Mädchen muti ___	g oder k
ein sandi ___ er Boden sandi ___	g oder k
ein schmutzi ___ er Lappen schmutzi ___	g oder k
eine ferti ___ e Pizza ferti ___	g oder k
eine flüssi ___ e Schokolade flüssi ___	g oder k
eine schlan ___ e Figur schlan ___	g oder k
ein dursti ___ er Hund dursti ___	g oder k
ein ecki ___ es Zimmer ecki ___	g oder k
eine hungri ___ e Raupe hungri ___	g oder k
ein kran ___ er Hase kran ___	g oder k
ein richti ___ er Weg richti ___	g oder k
eine wichti ___ e Frage wichti ___	g oder k
ein billi ___ es Hemd billi ___	g oder k
eine lusti ___ e Lehrerin lusti ___	g oder k
eine klu ___ e Antwort klu ___	g oder k
ein drecki ___ es Handtuch drecki ___	g oder k

! Das Verfahren zur Ableitung durch Umformen sollte mit den Kindern besprochen werden.

-d -b

d oder t

ein gu t es Buch gu t	d oder (t)
ein run __ er Ball run __	d oder t
ein gesun __ es Brot gesun __	d oder t
eine leich __ e Feder leich __	d oder t
ein al __ es Haus al __	d oder t
ein frem __ es Land frem __	d oder t
ein bun __ es Kleid bun __	d oder t
ein wil __ es Tier wil __	d oder t
ein blon __ er Junge blon __	d oder t
eine har __ e Schale har __	d oder t
ein blin __ er Wurm blin __	d oder t
ein kal __ er Tag kal __	d oder t

b oder p

ein her b er Geschmack her b	(b) oder p
eine gel __ e Birne gel __	b oder p
ein tau __ er Herr tau __	b oder p
eine hal __ e Stunde hal __	b oder p
eine lie __ e Schwester lie __	b oder p
ein trü __ er Fluss trü __	b oder p

-g -d -b

g oder k

☐ schlang	☒ schlank	☒ wenig	☐ wenik	☐ fertig	☐ fertik
schlank		wenig			
☐ wichtig	☐ wichtik	☐ sandig	☐ sandik	☐ durstig	☐ durstik
☐ richtig	☐ richtik	☐ lustig	☐ lustik	☐ starg	☐ stark
☐ mutig	☐ mutik	☐ traurig	☐ traurik	☐ farbig	☐ farbik
☐ krang	☐ krank	☐ klug	☐ kluk	☐ hungrig	☐ hungrik

d oder t

☐ ald	☒ alt	☐ fremd	☐ fremt	☐ kald	☐ kalt
alt					
☐ blond	☐ blont	☐ leichd	☐ leicht	☐ blind	☐ blint
☐ rund	☐ runt	☐ wild	☐ wilt	☐ weid	☐ weit
☐ laud	☐ laut	☐ blöd	☐ blöt	☐ gesund	☐ gesunt

b oder p

☒ herb	☐ herp	☐ gelb	☐ gelp	☐ trüb	☐ trüp
herb					
☐ taub	☐ taup	☐ halb	☐ halp	☐ grob	☐ grop

Abschreiben   Reimpaare

Schreibe die Texte auf Seite 36 neben die passenden Bilder.

☒	Eine gelbe Banane ist reif. Diese Banane ist gelb.	-b
○	Lena trinkt ein halbes Glas Milch um halb zwölf.	-b
○	Jan ist ein wilder Junge. Janina ist genauso wild.	-d
○	Die Sau hat gesunde Ferkel. Auch sie ist gesund.	-d
○	In einem fremden Land ist uns die Sprache fremd.	-d
○	Jeder hat wichtige Aufgaben. Jeder ist wichtig.	-g
○	Auch wolkige Tage sind schön. Es ist oft wolkig.	-g
○	Dieser sandige Sandkuchen ist leider zu sandig.	-g
○	Lea hat lustige Schwestern. Sie findet das lustig.	-g

Schreibe die Reimpaare.

herb	halb	grob	taub	wild	blind
fremd	gesund	klug	Lob	Kalb	derb
Mund	Hemd	Staub	Kind	Bild	Zug

herb
derb

Abschreiben

Schreibe die Texte von Seite 35 neben die passenden Bilder.

Eine gelbe Banane ist reif. Diese Banane ist gelb.

Fremd-
sprache

Lea
☺
lustig

g b

Schreibe die Tunwörter mit g und b.

sie jagt	er fegt	er bewegt	sie zeigt	er pflegt	er fragt
sie sagt	sie legt	er schweigt	er klebt	sie hebt	sie lebt
er reibt	er bleibt	er schreibt	sie übt	sie tobt	sie lobt

g

wir jagen	wir fegen	wir bewegen
sie jagt	er fegt	
wir zeigen	wir pflegen	wir fragen
wir sagen	wir legen	wir schweigen

b

wir kleben	wir heben	wir leben
wir reiben	wir bleiben	wir schreiben
wir üben	wir toben	wir loben

Kreuze die 2 richtigen Aussagen an.

- ☐ In einem Tunwort kann sich ein g wie ein k anhören.
- ☐ Jedes Tunwort beginnt mit einem g oder mit einem k.
- ☐ Jedes Tunwort endet mit einem b oder mit einem p.
- ☐ In einem Tunwort kann sich ein b wie ein p anhören.

g oder k

wir flie g en sie flie g t (g) oder k	wir dan k en er dan k t g oder (k)	wir fra __ en sie fra __ t g oder k
wir sa __ en er sa __ t g oder k	wir trin __ en sie trin __ t g oder k	wir bewe __ en er bewe __ t g oder k
wir le __ en sie le __ t g oder k	wir win __ en er win __ t g oder k	wir zei __ en sie zei __ t g oder k
wir schen __ en er schen __ t g oder k	wir pfle __ en sie pfle __ t g oder k	wir tan __ en er tan __ t g oder k
wir lie __ en sie lie __ t g oder k	wir den __ en er den __ t g oder k	wir tra __ en sie trä __ t g oder k

b oder p

wir kle b en er kle b t (b) oder p	wir blei __ en sie blei __ t b oder p	wir le __ en er le __ t b oder p
wir schrei __ en sie schrei __ t b oder p	wir ü __ en er ü __ t b oder p	wir glau __ en sie glau __ t b oder p
wir he __ en er he __ t b oder p	wir lo __ en sie lo __ t b oder p	wir rei __ en er rei __ t b oder p
wir schrau __ en sie schrau __ t b oder p	wir to __ en er to __ t b oder p	wir ge __ en er gi __ t b oder p

! Das Verfahren zur Ableitung durch Umformen sollte mit den Kindern besprochen werden.

g oder k

☒ sie jagt ☐ sie jakt sie jagt	☐ er schengt ☒ er schenkt er schenkt	☐ sie sagt ☐ sie sakt
☐ er fegt ☐ er fekt	☐ sie zeigt ☐ sie zeikt	☐ er dangt ☐ er dankt
☐ sie pflegt ☐ sie pflekt	☐ er bewegt ☐ er bewekt	☐ sie fragt ☐ sie frakt
☐ er tringt ☐ er trinkt	☐ sie dengt ☐ sie denkt	☐ er schweigt ☐ er schweikt
☐ sie wingt ☐ sie winkt	☐ er lügt ☐ er lükt	☐ sie lengt ☐ sie lenkt

b oder p

☒ er glaubt ☐ er glaupt er glaubt	☐ sie bleibt ☐ sie bleipt	☐ er schreibt ☐ er schreipt
☐ sie lebt ☐ sie lept	☐ er reibt ☐ er reipt	☐ sie übt ☐ sie üpt
☐ er lobt ☐ er lopt	☐ sie hebt ☐ sie hept	☐ er klebt ☐ er klept

Unterstreiche die Namenwörter. Schreibe die Sätze richtig.

- Die kinder loben ihren papa und dann lobt er sie. 2
- Viele glauben an geister und ina glaubt an ufos. 3
- Der löwe möchte jagen und jagt ein altes zebra. 2
- Wir steigen auf einen berg und nebel steigt auf. 2
- Wir sagen ein gedicht auf und mama sagt nichts. 2
- Die eltern fegen den hof und elke fegt die küche. 4

loben
lobt

Gedicht
Liebe Mama,
heute wirst
du 100 Jahr

Abschreiben | Reimpaare

Schreibe die Texte auf Seite 42 neben die passenden Bilder.

○	Tim möchte Bücher schreiben. Er schreibt gerne.	b
○	Wir bleiben nicht jung. Kein Mensch bleibt jung.	b
○	Maja und Nino üben zeichnen. Jan übt rechnen.	b
○	Wir leben in Deutschland. Lars lebt in Schweden.	b
○	Zeiger bewegen sich. Jeder bewegt sich anders.	g
○	Anja und Ali pflegen Hunde. Wim pflegt Würmer.	g
○	Enten legen Eier. Ein Elefant legt sicher kein Ei.	g
○	Die Kinder zeigen auf eine Ampel. Sie zeigt Rot.	g
○	Die Eltern fragen Olga und Olga fragt ihre Oma.	g

Schreibe die Reimpaare.

erbt	tobt	bleibt	glaubt	hebt	fragt
zeigt	legt	lügt	lebt	lobt	sagt
rügt	schreibt	schraubt	pflegt	steigt	gerbt

erbt
gerbt

Abschreiben

Schreibe die Texte von Seite *41* neben die passenden Bilder.

Lars

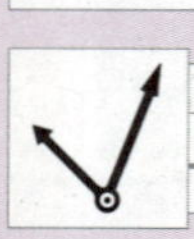

Y y

Schreibe die Wörter mit Y/y.

Handy	Pony	Typ	Zylinder	Dynamo
Olympiade	Gyros	Yoga	Ypsilon	Xylofon
Bayern	Yeti	Zypern	Baby	Party

Trage die Wörter mit y in die Lücken ein.

Baby • Handy • Pony • Gyros • Bayern • Party • Zylinder • Xylofon

Paula hat ein kleines ______. Es grast gerade auf der Weide.

Bert macht Urlaub in ______. Er wandert in den Bergen.

Anton möchte keine Nudeln. Heute hat er Hunger auf ______.

Lilly hat eine sehr kleine Schwester. Sie ist noch ein ______.

Der Zauberer zaubert ein faules Ei aus seinem ______.

Ina hat ein neues ______. Man kann sogar mit ihm telefonieren.

Bronko hat Geburtstag. Er feiert eine große ______ mit Freunden.

Ein ______ ist ein Musikinstrument. Ronny spielt ein Lied.

Schreibe die Wörter mit V/v.

Vater	Volk	viel	vor	Vogel
vom	von	brav	November	Vokal
Venus	Vulkan	nervös	Verb	Vase

Trage die Wörter mit V/v in die Lücken ein.

Vater • Vogel • brav • November • Vase

Auf den Monat ____ folgt der Monat Dezember.

Ben mag Blumen. Auf seinem Tisch steht eine ____ mit Rosen.

Der ____ meiner Mutter ist mein Opa. Mein Opa ist lieb.

Die Taube ist ein ____. In Städten leben oft sehr viele Tauben.

Erna ist heute nicht ____. Sie grunzt in der Schule wie ein Ferkel.

Kreuze an.

In dem Wort Vogel hört sich das V an wie ein ☐ F. ☐ W.

In dem Wort Vase hört sich das V an wie ein ☐ F. ☐ W.

vor-

Schreibe die Tunwörter mit **vor-**.

vor-	-sprechen	-lesen	-sagen	-turnen	-laufen
	-schlagen	-machen	-arbeiten	-schreiben	-finden
	-bereiten	-tanzen	-waschen	-sorgen	-werfen

vorsprechen

Trage die Tunwörter mit **vor-** in die Lücken ein.

vorturnen • vorbereiten • vorsingen • vorfinden • vorlesen • vorsorgen • vorlaufen • vortanzen

Auf eine Mathearbeit sollte man sich gut ______________.

Inga möchte der Klasse ihre neue Geschichte ______________.

Igor möchte in der Turnhalle einen Purzelbaum ______________.

Ingo möchte im Musikunterricht ein Lied ______________.

Ingolf möchte beim Ballett einen neuen Tanz ______________.

Die Kinder sollen bei dem Ausflug nicht zu weit ______________.

Hamster müssen mit Körnern für den Winter ______________.

Was werden wir wohl in der alten Schatzkiste ______________?

ver-

Schreibe die Tunwörter mit ver-.

ver-	-zaubern	-tragen	-schreiben	-lernen	-laufen
	-schlafen	-kaufen	-halten	-schenken	-suchen
	-danken	-heiraten	-faulen	-teilen	-sprechen

verzaubern

Trage die Tunwörter mit ver- in die Lücken ein.

vertragen • verlernen • verlaufen • verschlafen • verkaufen • verfaulen • verschreiben • versuchen

Nach ihrem Streit ______ sich Tim und Wim wieder.

Maja hat ______. Sie liegt um *11.00* Uhr noch im Bett.

Hänsel und Gretel haben sich im Wald ______.

Hein und Heini ______ Butter und Eier auf dem Markt.

Gelerntes kann man leider auch wieder ______.

Ärzte müssen manchmal Medikamente ______.

Sven und Ben ______ einen Handstand in der Turnhalle.

Die alten Äpfel ______ unter dem Apfelbaum.

Abschreiben | Silbentrennung

Schreibe die Texte auf Seite 48 neben die passenden Bilder.

○	Evi hat eine alte Vase. In ihr sind viele Veilchen.	V/v
○	Vor uns sind Kurven und über uns ist die Venus.	V/v
○	Veras kleine Kinder versuchen gerade zu laufen.	V/v
○	Geister verlaufen sich nie. Sie verschweben sich.	V/v
○	Gustav hat einen Vogel. Der Vogel ist nicht brav.	V/v
○	Wir verbrauchen zu viel Strom. Strom ist kostbar.	V/v
○	Selbstlaute sind Vokale. Tunwörter sind Verben.	V/v
○	Vati verkleidet sich Karneval als Vulkan mit Lava.	V/v
○	Der November ist grau. Er macht Verena nervös.	V/v

Markiere Trennstellen. Schreibe mit Trennstrichen. Notiere die Silbenanzahl.

ver|fau|len	verlaufen	verteilen	versuchen
verkaufen	verschreiben	verbrauchen	vertragen
verhalten	verschlafen	verzaubern	verheiraten

	Silben		Silben
ver-fau-len	3		

Das Trennen nach Sprechsilben sollte mit den Kindern besprochen werden.

Abschreiben

Schreibe die Texte von Seite 47 neben die passenden Bilder.

Vokal
Verb

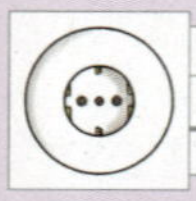

Satzzeichen

Trage Fragezeichen und Punkte ein. Schreibe Fragen und Antworten.

☒	Wo leben wilde Löwen ?
☐	Die Kinder trinken Milch
☐	Ein Zwerg ist sehr klein
☐	Was trinken die Kinder
☐	Der Brei ist nur lauwarm
☐	Das Hemd ist viel zu eng
☒	In Afrika leben Löwen .
☐	Wie klein ist ein Zwerg
☐	Wie warm ist der Brei
☐	Wie weit ist das Hemd

Frage: Wo leben wilde Löwen?

Antwort: In Afrika leben Löwen.

Frage:

Antwort:

Frage:

Antwort:

Frage:

Antwort:

Frage:

Antwort:

O/o wird Ö/ö | u wird ü

Schreibe die Mehrzahl mit Ö/ö und ü.

viele Frösche	viele Köpfe	viele Töchter	viele Vögel
viele Böden	viele Öfen	viele Gründe	viele Büsche
viele Früchte	viele Bücher	viele Münder	viele Brüder

O/o wird Ö/ö

der Frosch

viele Frösche

der Kopf

die Tochter

der Vogel

der Boden

der Ofen

u wird ü

der Grund

der Busch

die Frucht

das Buch

der Mund

der Bruder

Kreuze die 2 richtigen Aussagen an.

- ☐ Aus einem O/o in der Einzahl kann ein Ö/ö in der Mehrzahl werden.
- ☐ Jedes Wort mit Ö/ö oder ü ist ein Wiewort.
- ☐ Jedes Wort mit Ö/ö oder ü hat genau drei Buchstaben.
- ☐ Aus einem u in der Einzahl kann ein ü in der Mehrzahl werden.

O/o wird Ö/ö | u wird ü

Ö/ö und ü

der Krug viele Krüge	der Topf viele Töpfe	der Hut viele
der Korb viele	der Sturm viele	der Grund viele
der Duft viele	der Zopf viele	der Koch viele
der Bruch viele	die Frucht viele	der Kopf viele
der Busch viele	der Frosch viele	der Knopf viele
der Sturz viele	der Turm viele	der Strumpf viele
der Wolf viele	das Buch viele	das Horn viele
der Mund viele	das Tuch viele	das Loch viele
das Dorf viele	der Bruder viele	die Tochter viele
der Boden viele	der Bogen viele	der Ofen viele

A/a wird Ä/ä

Schreibe die Mehrzahl mit Ä/ä.

viele Wände	viele Hände	viele Säfte	viele Hälse
viele Gänge	viele Brände	viele Hänge	viele Nächte
viele Gläser	viele Gräser	viele Länder	viele Wälder
viele Fächer	viele Gärten	viele Äste	viele Äpfel

die Wand

viele Wände

die Hand

der Saft

der Hals

der Gang

der Brand

der Hang

die Nacht

das Glas

das Gras

das Land

der Wald

das Fach

der Garten

der Ast

der Apfel

Kreuze an.

Aus einem A/a kann in der Mehrzahl ein Ä/ä werden. ☐ ja ☐ nein

Schreibe die Mehrzahl mit äu.

viele ~~Läuse~~	viele Mäuse	viele Häute	viele Bräute
viele Bäume	viele Räume	viele Träume	viele Fäuste
viele Zäune	viele Säue	viele Bäuche	viele Schläuche
viele Mäuler	viele Sträucher	viele Kräuter	viele Häuser

die Laus
viele Läuse

die Maus

die Haut

die Braut

der Baum

der Raum

der Traum

die Faust

der Zaun

die Sau

der Bauch

der Schlauch

das Maul

der Strauch

das Kraut

das Haus

Kreuze an.

Aus einem au kann in der Mehrzahl ein äu werden. ☐ ja ☐ nein

A/a wird Ä/ä

E/e oder Ä/ä

der Gang	das Heft	der Kran
viele Gänge	viele Hefte	viele
die Gans	der Bart	das Pferd
viele	viele	viele
der Hals	der Stern	der Stab
viele	viele	viele
der Brand	der Hang	der Wald
viele	viele	viele
das Band	der Rand	das Land
viele	viele	viele
das Glas	das Gras	das Rad
viele	viele	viele
das Feld	das Geld	das Tal
viele	viele	viele
das Fach	das Dach	der Nagel
viele	viele	viele
der Laden	der Besen	der Kasten
viele	viele	viele
das Fenster	der Garten	der Apfel
viele	viele	viele

! Das Verfahren zur Ableitung durch Umformen sollte mit den Kindern besprochen werden.

A/a wird Ä/ä   au wird äu

E/e oder Ä/ä

der Bach	der Zwerg	der Berg
viele Bäche	viele Zwerge	viele
die Hand	die Wand	der Strand
viele	viele	viele
der Saft	der Plan	die Nacht
viele	viele	viele
der Gast	der Ast	die Ente
viele	viele	viele

Eu/eu oder äu

das Kreuz	die Faust	der Bauch
viele Kreuze	viele Fäuste	viele
der Baum	der Traum	der Raum
viele	viele	viele
der Freund	die Haut	die Braut
viele	viele	viele
die Maus	die Laus	der Zaun
viele	viele	viele
die Sau	die Beule	die Eule
viele	viele	viele
das Haus	das Kraut	der Strauch
viele	viele	viele

A/a wird Ä/ä

E/e oder Ä/ä

☐ viele Krene ☒ viele Kräne Kräne	☒ viele Berge ☐ viele Bärge Berge	☐ viele Nechte ☐ viele Nächte
☐ viele Hende ☐ viele Hände	☐ viele Sefte ☐ viele Säfte	☐ viele Plene ☐ viele Pläne
☐ viele Genge ☐ viele Gänge	☐ viele Beche ☐ viele Bäche	☐ viele Hefte ☐ viele Häfte
☐ viele Strende ☐ viele Strände	☐ viele Schwene ☐ viele Schwäne	☐ viele Wege ☐ viele Wäge
☐ viele Stebe ☐ viele Stäbe	☐ viele Pferde ☐ viele Pfärde	☐ viele Bender ☐ viele Bänder
☐ viele Lender ☐ viele Länder	☐ viele Felder ☐ viele Fälder	☐ viele Decher ☐ viele Dächer
☐ viele Gleser ☐ viele Gläser	☐ viele Greser ☐ viele Gräser	☐ viele Welder ☐ viele Wälder
☐ viele Fenster ☐ viele Fänster	☐ viele Negel ☐ viele Nägel	☐ viele Epfel ☐ viele Äpfel

Eu/eu oder äu

☐ viele Leuse ☒ viele Läuse Läuse	☒ viele Freunde ☐ viele Fräunde Freunde	☐ viele Beume ☐ viele Bäume
☐ viele Treume ☐ viele Träume	☐ viele Reume ☐ viele Räume	☐ viele Scheume ☐ viele Schäume
☐ viele Kreuze ☐ viele Kräuze	☐ viele Meuse ☐ viele Mäuse	☐ viele Beuche ☐ viele Bäuche
☐ viele Zeune ☐ viele Zäune	☐ viele Breute ☐ viele Bräute	☐ viele Feuste ☐ viele Fäuste
☐ viele Seue ☐ viele Säue	☐ viele Schleuche ☐ viele Schläuche	☐ viele Scheunen ☐ viele Schäunen
☐ viele Beulen ☐ viele Bäulen	☐ viele Keulen ☐ viele Käulen	☐ viele Eulen ☐ viele Äulen
☐ viele Heuser ☐ viele Häuser	☐ viele Kreuter ☐ viele Kräuter	☐ viele Streucher ☐ viele Sträucher
☐ viele Meuler ☐ viele Mäuler	☐ viele Feuer ☐ viele Fäuer	☐ viele Beutel ☐ viele Bäutel

Satzzeichen

Trage Fragezeichen und Punkte ein. Schreibe Fragen und Antworten.

X	Wer baut schöne Tische ?
	Oma und Opa werden 90
	Es ist einen Meter lang
	Wen hat Oma geheiratet
X	Ein Schreiner baut Tische .
	Welche Steine sind teuer
	Edelsteine sind oft teuer
	Wie lang ist dieses Seil
	Oma hat Opa geheiratet
	Wie alt sind Oma und Opa

Frage	Wer baut schöne Tische?
Antwort	Ein Schreiner baut Tische.

Frage	
Antwort	

Frage	
Antwort	

Frage	
Antwort	

Frage	
Antwort	

Schreibe die Texte auf Seite 60 neben die passenden Bilder.

○	Mona trinkt einen Becher Saft. Sie trinkt oft Säfte.	Ä/ä
○	Das Pferd kaut einen Apfel. Pferde mögen Äpfel.	Ä/ä
○	Die Nacht ist wolkig. Wolkige Nächte sind dunkel.	Ä/ä
○	Opas Garten ist schöner als viele andere Gärten.	Ä/ä
○	Hand reimt sich auf Wand und Hände auf Wände.	Ä/ä
○	Das Haus ist rosa. Nur wenige Häuser sind rosa.	äu
○	Die Maus ist ein Nager. Mäuse sind keine Fische.	äu
○	Das ist ein Kraut. Viele kochen gern mit Kräutern.	äu
○	Baum reimt sich auf Raum und Bäume auf Räume.	äu

Markiere Trennstellen. Schreibe mit Trennstrichen. Notiere die Silbenanzahl.

Näch|te	Gärten	Säfte	Hände
Gräser	Äste	Kräuter	Mäuse
Häuser	Bäuche	Sträucher	Bäume

	Silben		Silben
Näch-te	2		

Abschreiben

Schreibe die Texte von Seite 59 neben die passenden Bilder.

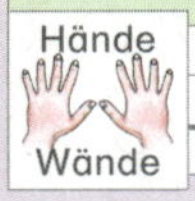

Groß- und Kleinschreibung

Unterstreiche die Namenwörter. Schreibe die Sätze richtig.

◯	Von einem alten ast brechen öfter kleine äste ab.	2
◯	Jedes land ist eines unter vielen ländern der welt.	3
◯	Das einrad hat ein rad und das dreirad drei räder.	4
◯	Ein runder bauch ist schwerer als andere bäuche.	2
◯	Dieser schöne zaun ist wie viele zäune aus holz.	3
◯	Eine laus plus viele andere läuse sind kopfläuse.	3

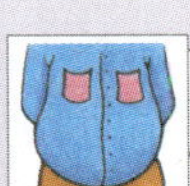

A/a wird Ä/ä

Schreibe die Wiewörter und Tunwörter mit ä.

noch wärmer	noch stärker	noch kälter	noch härter
noch länger	noch älter	sie trägt	sie schläft
er hält	er wäscht	er schlägt	sie fängt

a wird ä – Wiewörter

warm	stark
noch wärmer	
kalt	hart
lang	alt

a wird ä – Tunwörter

wir tragen	wir schlafen
wir halten	wir waschen
wir schlagen	wir fangen

Kreuze die 2 richtigen Aussagen an.

- ☐ Bei Wiewörtern kann aus einem a ein ä werden.
- ☐ Wiewörter bestehen nur aus Selbstlauten.
- ☐ Tunwörter bestehen nur aus Mitlauten.
- ☐ Bei Tunwörtern kann aus einem a ein ä werden.

e oder ä – Wiewörter

scharf	fest	frech
noch schärfer	noch fester	noch
hart	kalt	schwach
noch	noch	noch
stark	fremd	streng
noch	noch	noch
lang	warm	schwer
noch	noch	noch
alt	eng	arm
noch	noch	noch

e oder ä – Tunwörter

wir braten	wir schenken	wir leben
sie brät	er schenkt	er
wir fangen	wir denken	wir graben
er	sie	sie
wir legen	wir schlafen	wir lernen
sie	er	sie
wir tragen	wir schlagen	wir waschen
er	sie	er
wir halten	wir rechnen	wir reden
sie	er	sie

! Das Verfahren zur Ableitung durch Umformen sollte mit den Kindern besprochen werden.

A/a wird Ä/ä

e oder ä – Wiewörter

☒ noch frecher	☐ noch schwecher	☐ noch fester
☐ noch frächer	☒ noch schwächer	☐ noch fäster
noch frecher	noch schwächer	noch
☐ noch lenger	☐ noch kelter	☐ noch sterker
☐ noch länger	☐ noch kälter	☐ noch stärker
noch	noch	noch
☐ noch herter	☐ noch wermer	☐ noch schwerer
☐ noch härter	☐ noch wärmer	☐ noch schwärer
noch	noch	noch
☐ noch enger	☐ noch elter	☐ noch ermer
☐ noch änger	☐ noch älter	☐ noch ärmer
noch	noch	noch

e oder ä – Tunwörter

☒ er legt	☐ er grebt	☐ sie fengt
☐ er lägt	☒ er gräbt	☐ sie fängt
er legt	er gräbt	sie
☐ sie pflegt	☐ er denkt	☐ sie helt
☐ sie pflägt	☐ er dänkt	☐ sie hält
sie	er	sie
☐ er schleft	☐ es blest	☐ er schlegt
☐ er schläft	☐ es bläst	☐ er schlägt
er	es	er
☐ sie tregt	☐ er wescht	☐ sie lebt
☐ sie trägt	☐ er wäscht	☐ sie läbt
sie	er	sie

Abschreiben Silbentrennung

Schreibe die Texte auf Seite 66 neben die passenden Bilder.

◯	Fischer fangen Fische. Kein Fischer fängt Hunde.	ä
◯	Autos halten vor der Ampel. Auch ein Bus hält an.	ä
◯	Wir schlafen in der Nacht. Pia schläft fest und gut.	ä
◯	Uli möchte sich waschen. Er wäscht sich mit Seife.	ä
◯	Oma und Opa tragen Tüten und Papa trägt nichts.	ä
◯	Wir schlagen nicht! Keiner schlägt einen anderen!	ä
◯	Die grüne Gurke ist alt und die Tomate noch älter.	ä
◯	Hier ist es im Winter kalt. Am Nordpol ist es kälter.	ä
◯	Ein Ei ist hart gekocht und das andere noch härter.	ä

Markiere Trennstellen. Schreibe mit Trennstrichen. Notiere die Silbenanzahl.

käl|ter	wärmer	älter	stärker
ärmer	härter	hält	schläft
wäscht	fängt	trägt	schlägt

käl-ter	Silben 2		Silben
	Silben		Silben
	Silben		Silben
	Silben		Silben
	Silben		Silben
	Silben		Silben

Abschreiben

Schreibe die Texte von Seite *65* neben die passenden Bilder.

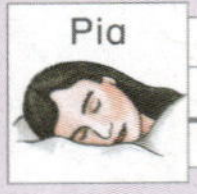

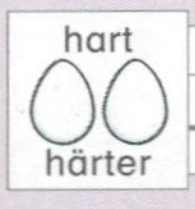

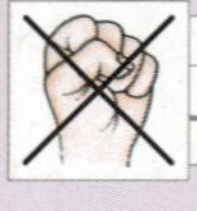

Satzzeichen

Kreuze an.

Das Satzzeichen ! am Ende eines Satzes nennt man

☐ Punkt. ☐ Fragezeichen. ☐ Ausrufezeichen.

Ein ! steht nach Ausrufen. Kreuze den Ausruf an.

☐ Aua! ☐ Lass uns Fußball spielen! ☐ Komm hierher!

Ein ! steht nach Aufforderungen. Kreuze die Aufforderung an.

☐ Tor! ☐ Geh doch mit ins Kino! ☐ Es schneit!

Ausrufezeichen stehen nach

☐ Fragen. ☐ Aufforderungen und Ausrufen. ☐ Punkten.

Trage Punkte, Fragezeichen und Ausrufezeichen ein.

Die Lehrerin schreibt einen langen Satz an die Tafel .

Wie hoch ist der höchste Berg der Welt ?

Stellt euch immer zu zweit auf !

Warum wohnen Menschen in der Wüste nicht in Iglus

Was fressen Frösche am Freitag zum Frühstück

Halt den Mund

Wo leben die größten Lebewesen der Welt

Setzt euch sofort auf euren Platz

Onkel Otto malt gerne Fensterbilder mit Fingerfarben

Hurra

Cindy und Gert singen gemeinsam ein schönes Lied

! Das Ausrufezeichen sollte mit den Kindern besprochen werden.

A/a wird Ä/ä   au wird äu

Schreibe die verwandten Wörter mit ä und äu.

die ~~Länge~~	die Stärke	die Kälte	die Wärme
kämpfen	schälen	träumen	schäumen
räumen	räuchern	der Stängel	sie lächelt

lang	stark
die Länge	
kalt	warm
der Kampf	die Schale
der Traum	der Schaum
der Raum	der Rauch
die Stange	lachen

Kreuze die 4 richtigen Aussagen an.

- ☐ Das Wort warm ist ein Wiewort. Das Wort Wärme ist ein Namenwort.
- ☐ Die Wörter lachen und lächeln sind verwandte Tunwörter.
- ☐ Die Wörter Stange und Stängel sind verwandte Namenwörter.
- ☐ Das Wort Traum ist ein Namenwort. Das Wort träumen ist ein Tunwort.
- ☐ Die Wörter Oma und Opa sind mit dem Wort kämpfen verwandt.

Schreibe die Namenwörter mit -chen.

das G̸läs-	das Schränk-	das Wäld-	das Väter-	-chen
das Händ-	das Räd-	das Bärt-	das Gäns-	
das Lämp-	das Näs-	das Häs-	das Pflänz-	
das Gärt-	das Äst-	das Ärm-	das Äpfel-	

das Glas
das Gläschen

der Schrank

der Wald

der Vater

die Hand

das Rad

der Bart

die Gans

die Lampe

die Nase

der Hase

die Pflanze

der Garten

der Ast

der Arm

der Apfel

Kreuze an.

Bei Verkleinerungen mit -chen wird A/a oft zu ☐ Ä/ä. ☐ äu.

-chen | au wird äu

Schreibe die Namenwörter mit -chen.

das ~~Z~~äun-	das Häut-	das Häus-	das Mäus-	-chen
das Bäum-	das Räum-	das Mäul-	das Fäust-	
das Mäuer-	das Schäufel-	das Täub-	das Häub-	
das Päus-	das Schräub-	das Häuf-	das Däum-	

der Zaun

das Zäunchen

die Haut

das Haus

die Maus

der Baum

der Raum

das Maul

die Faust

die Mauer

die Schaufel

die Taube

die Haube

die Pause

die Schraube

der Haufen

der Daumen

Kreuze an.

Bei Verkleinerungen mit -chen wird au oft zu ☐ ä. ☐ äu.

-lein

Schreibe die Namenwörter mit -lein.

das ~~B~~äch-	das Schäf-	das Fläsch-	das Gärt-	
das Häus-	das Bäuch-	das Büch-	das Tüch-	-lein
das Blüm-	das Brüder-	das Löch-	das Rös-	

der Bach
das Bächlein

das Schaf

die Flasche

der Garten

das Haus

der Bauch

das Buch

das Tuch

die Blume

der Bruder

das Loch

die Rose

Kreuze die 3 richtigen Aussagen an.

- ☐ Mit den Endungen -chen und -lein werden Dinge größer.
- ☐ Mit den Endungen -chen und -lein werden Dinge kleiner.
- ☐ Bei Verkleinerungen können sich Selbstlaute verändern.
- ☐ Verkleinerungen mit -chen und -lein haben den Begleiter das.
- ☐ Die Endungen -chen und -lein sind Begleiter.

Groß- und Kleinschreibung

Unterstreiche die Namenwörter. Schreibe die Sätze richtig.

- Einen kleinen raum bezeichnen wir als räumchen. 2
- Die kleine maus ist eigentlich noch ein mäuschen. 2
- Ein alter baum war einmal ein kleines bäumchen. 2
- Die schaufel ist schwerer als kleine schäufelchen. 2
- Wir haben ein haus und zwerge haben häuschen. 3
- Der tischler braucht schrauben und schräubchen. 3

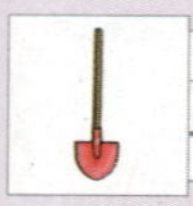

Schreibe die Texte auf Seite 74 neben die passenden Bilder.

○	An einem schweren Ast sind viele kleine Ästchen.	Ä/ä
○	Der Sportler hat starke Arme und keine Ärmchen.	Ä/ä
○	In einem Park sind viele Pflanzen und Pflänzchen.	Ä/ä
○	Ali schneidet einen Apfel und Alina ein Äpfelchen.	Ä/ä
○	Menschen haben Nasen und Zwerge ein Näschen.	Ä/ä
○	Papa Hase arbeitet. Die jungen Häschen schlafen.	Ä/ä
○	Die Tasche hat noch ganz viele kleine Täschchen.	Ä/ä
○	Zu dem Schrank gehören noch zwei Schränkchen.	Ä/ä
○	Unser winziger Garten ist eigentlich ein Gärtchen.	Ä/ä

Markiere Trennstellen. Schreibe mit Trennstrichen. Notiere die Silbenanzahl.

Näs|chen	Pflänzchen	Häschen	Händchen
Gärtchen	Täschchen	Ästchen	Ärmchen
Häutchen	Mäuschen	Häuschen	Bäumchen

	Silben		Silben
Näs-chen	2		

Abschreiben

Schreibe die Texte von Seite 73 neben die passenden Bilder.

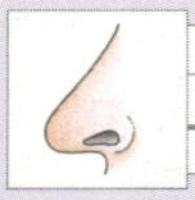

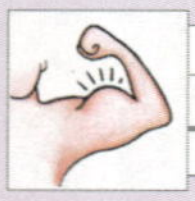

unser
Gärtchen

Lange und kurze Selbstlaute

Sind die Selbstlaute lang (—) oder kurz (●)?

		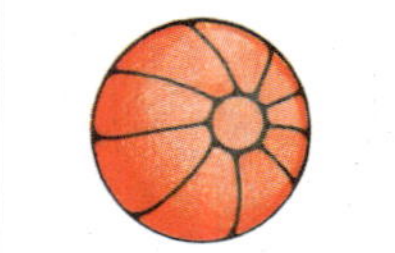			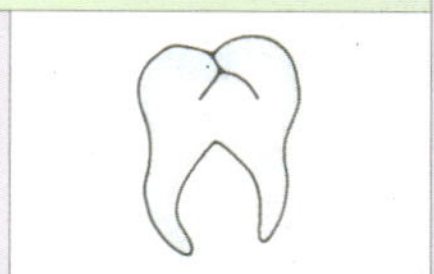
Hase	Jacke	Ball	Blatt	Hahn	Zahn
—	●				
	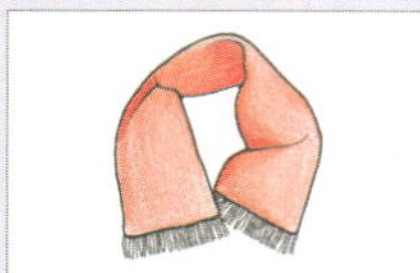	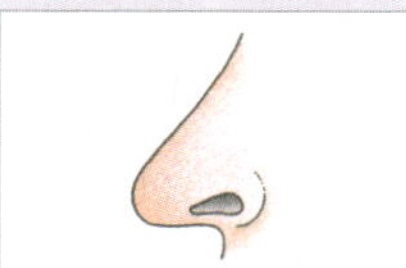			
Wal	Schal	Nase	Mann	Bagger	Fahne

Vase	Schatz	Tanne	Pfanne	Ameise	Affe
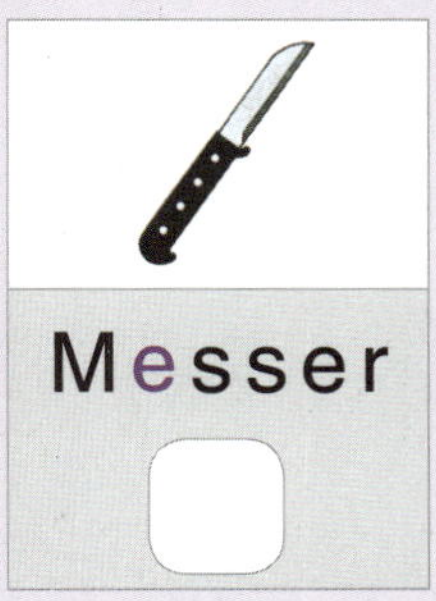		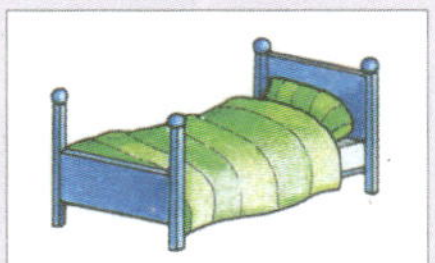	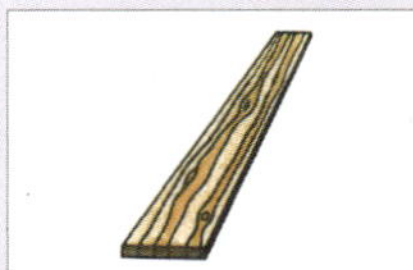	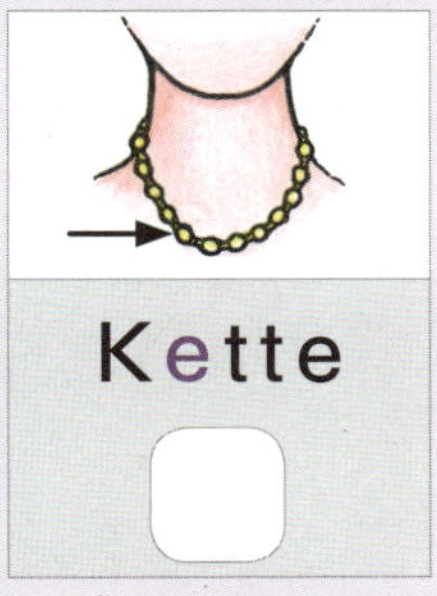	
Messer	Reh	Bett	Brett	Kette	Feder
			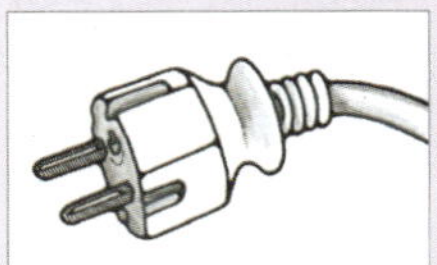		
Teller	Regen	zehn	Stecker	Teddy	Besen
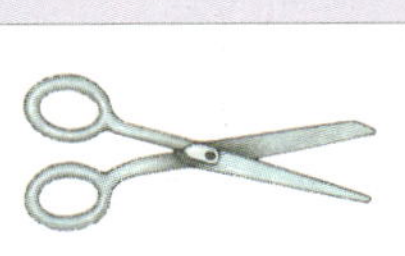	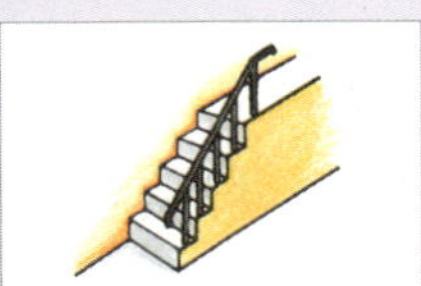				
Schere	Treppe	Regal	Kleber	Ente	Esel

! Zur Schulung des Sprachgefühls sind vorbereitende und ergänzende Sprech- und Hörübungen ratsam.

Lange und kurze Selbstlaute

Sind die Selbstlaute lang (—) oder kurz (●)?

			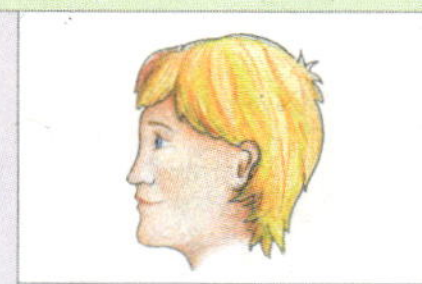		
Rock	Krone	Floß	Kopf	Hose	Dose
					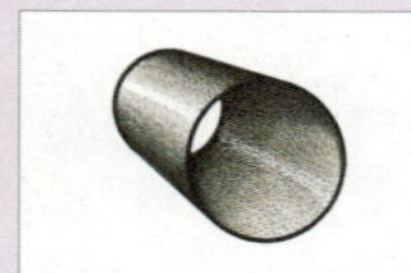
Sonne	Tonne	Koffer	Los	Schloss	Rohr
	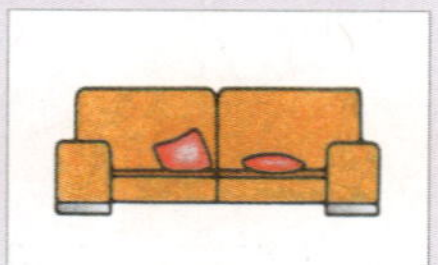				
Vogel	Sofa	Glocke	Pommes	Oma	Ordner
	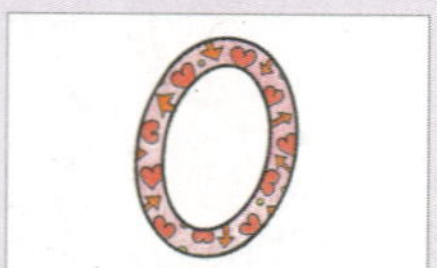	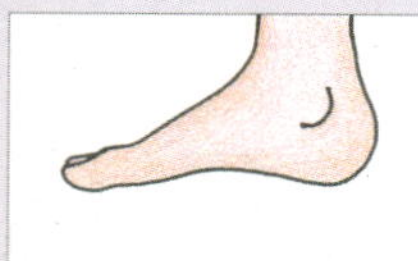			
Huhn	null	Fuß	Butter	Nuss	Hut

Fluss	Puppe	Buch	Stuhl	Tunnel	Schule
	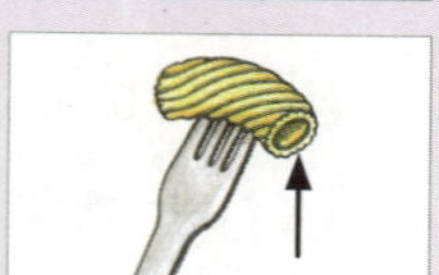		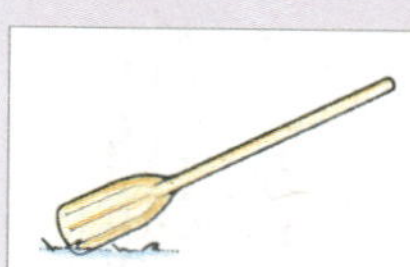		
Dusche	Nudel	Brunnen	Ruder	Unfall	Ufo

Sind die Selbstlaute lang (—) oder kurz (●)? Ordne die Wörter.

Lied —	singen ●	sieben	Spiegel	Papier	Finger
liegen	frisch	Biene	Kind	fliegen	Licht
Bild	Stift	vier	lieb	Insel	Tier
spielen	Dienstag	Wind	Wiese	Brief	Zwiebel

ie

Lied

I/i

singen

Kreuze an.

Wie wird das ie in den Wörtern gesprochen?	☐ lang	☐ kurz
Wie wird das I/i in den Wörtern gesprochen?	☐ lang	☐ kurz
Wie wird ein lang gesprochenes i geschrieben?	☐ ei	☐ ie

! Zur Schulung des Sprachgefühls sind vorbereitende und ergänzende Sprech- und Hörübungen ratsam.

I/i oder ie

I/i oder ie

Z ie ge	F i sch	D ___ b	v ___ r	R ___ tter

T ___ re	P ___ zza	W ___ se	Br ___ f	Sch ___ ff
				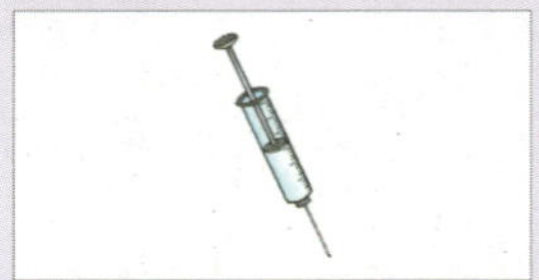
Br ___ lle	St ___ r	Gr ___ ll	K ___ ssen	Spr ___ tze
				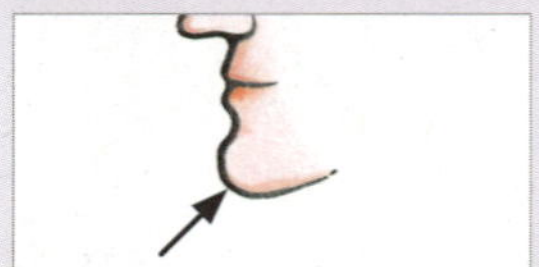
B ___ ne	Zw ___ bel	Sp ___ gel	Bl ___ tz	K ___ nn
		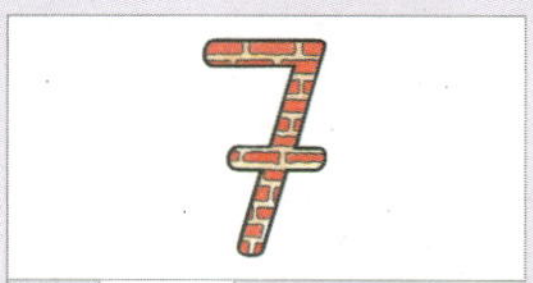	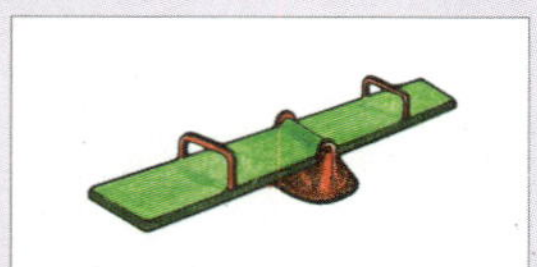	
S ___ b	Schl ___ tten	s ___ ben	W ___ ppe	Sch ___ ppe

Pap ___ r	Klav ___ r	St ___ fel	Sp ___ tzer	L ___ ppen
	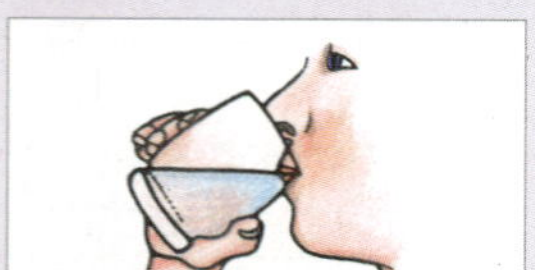			
sp ___ len	tr ___ nken	Sp ___ nne	___ nsel	Sch ___ nen
	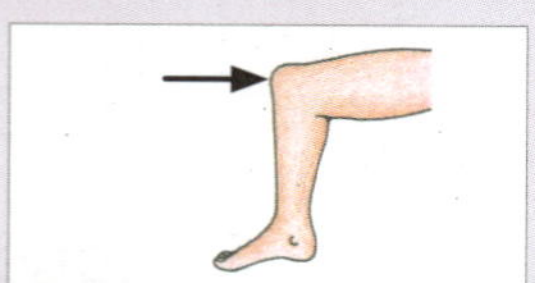	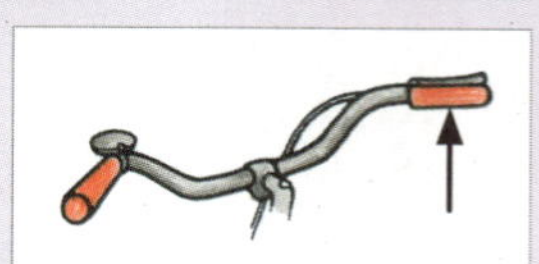		
B ___ r	Kn ___	Gr ___ ff	L ___ be	___ ndianer

Abschreiben | Silbentrennung

Schreibe die Texte auf Seite 80 neben die passenden Bilder.

○	Opa schreibt Liebesbriefe an Oma auf rosa Papier.	ie
○	Wir singen nie ein Lied über ein fliegendes Klavier.	ie
○	Sieben Bienen fliegen heute tief über die Schienen.	ie
○	Die Ziege spielt friedlich unter einer riesigen Kiefer.	ie
○	Die Diebe schieben sieben Stiere von einer Wiese.	ie
○	Die Stiefel von fiesen Riesen riechen wie Zwiebeln.	ie
○	Jeden Dienstag trinkt Opa ein Bier aus einem Sieb.	ie
○	Der liebe Zwerg wiegt nicht so viel wie vier Fliegen.	ie
○	Vor diesem Spiegel liegen wieder viele Spiegeleier.	ie

Markiere Trennstellen. Schreibe mit Trennstrichen. Notiere die Silbenanzahl.

Bie|ne	lieb	Papier	sieben
Wiese	Tier	Zwiebel	spielen
liegen	vier	Brief	fliegen

	Silben		Silben
Bie-ne	2		

! Das Trennen von Wörtern mit ie sollte mit den Kindern besprochen werden.

Abschreiben

Schreibe die Texte von Seite 79 neben die passenden Bilder.

Schreibe die Wörter mit ff und mm.

treffen	Affe	Löffel	Schiff	hoffen	schaffen
Waffel	Stoff	offen	sie nimmt	Pommes	Nummer
Stamm	dumm	Himmel	Zimmer	kommen	Sommer

ff

treffen

mm

Trage die Wörter mit mm in die Lücken ein.

Himmel • kommen • Pommes • Zimmer • Sommer

Arne hat schon wieder sein ______ nicht aufgeräumt.

Im ______ sind die Tage länger als im Winter.

Der ______ ist blau. Die Sonne scheint. Es ist heiß.

Erni und Gerd ______ zu spät zur Schule.

Viele Kinder essen gerne ______ mit Ketchup.

Kreuze an.

Selbstlaute vor ff und mm klingen ☐ lang. ☐ kurz.

! Die Kinder können sich an den vorgegebenen Markierungen zur Länge der Selbstlaute orientieren.

ll   nn

Schreibe die Wörter mit ll und nn.

fallen	hell	Bälle	sollen	schnell	rollen
füllen	still	alle	Donner	Donnerstag	rennen
Tanne	kann	Sonne	können	Männer	Spinne

ll		
fallen		

nn		

Trage die Wörter mit ll und nn in die Lücken ein.

wollen • fällt • stellen • Sonntag • Mann

Maik und Marvin ______ ihre Stühle auf den Tisch.

Heute ist es sehr kalt. Vielleicht ______ sogar Schnee.

Tim und Wim ______ im Schnee einen Schneemann bauen.

Der ______ von Berts Tante Wanda ist Berts Onkel Willi.

Nach dem Samstag kommt der ______.

Kreuze an.

Selbstlaute vor ll und nn klingen ☐ lang. ☐ kurz.

ss tt

Schreibe die Wörter mit ss und tt.

essen	Klasse	Schlüssel	Nuss	müssen	flüssig
Tasse	Messer	Wasser	Brett	Bett	Ritter
Mutter	Wetter	Mittwoch	Kette	Blatt	bitten

ss

tt

Trage die Wörter mit ss und tt in die Lücken ein.

muss • isst • Kuss • Schmetterling • Blätter

Oma gibt Olaf einen saftigen ______ auf die Backe.

Malte ______ ein Stück Apfelkuchen mit Senf.

Nach dem Essen ______ Malte ganz schnell auf die Toilette.

Es ist Herbst. Die ______ fallen von den Bäumen.

Der ______ flattert durch die Luft.

Kreuze an.

Selbstlaute vor ss und tt klingen ☐ lang. ☐ kurz.

bb · dd · gg · pp · rr

Schreibe die Wörter mit bb, dd, gg, pp und rr.

dribbeln	knabbern	krabbeln	Paddel	Teddy	Pudding
Roggen	Bagger	Flagge	Suppe	Puppe	Gruppe
doppelt	Treppe	kippen	Herr	irren	knurren

bb

___ ___ ___

dd

___ ___ ___

gg

___ ___ ___

pp

___ ___ ___

___ ___ ___

rr

___ ___ ___

Trage die Wörter mit dd, pp und rr in die Lücken ein.

Teddy / Puppe • Treppe • Herr

Der Lehrer von Erni und Gerd ist ______ Bommelmann.

Die ______ vor Heidis Haus hat sieben Stufen.

Theo spielt mit seinem ______ und Pia mit ihrer ______.

Kreuze an.

Selbstlaute vor bb, dd, gg, pp und rr klingen ☐ lang. ☐ kurz.

Selbstlaute vor doppelten Mitlauten klingen immer ☐ lang. ☐ kurz.

ck tz

Schreibe die Wörter mit ck und tz.

Brücke	backen	Ecke	Hecke	Rücken	Glück
Zucker	dreckig	Rock	Blitz	Witz	Katze
setzen	kratzen	Platz	Satz	schmutzig	sitzen

ck		

tz		

Trage die Wörter mit ck und tz in die Lücken ein.

Rücken • Zucker • Katze • Sätze • sitzt

Zu viel ____ ist schlecht für die Zähne.

Viele Menschen schlafen nachts auf dem ____.

Nils ____ in der Schule an seinem Platz und schwitzt.

Nils schreibt zwei lange ____ in sein Heft.

Nach der Schule spielt Nils mit Mimi. Mimi ist seine ____.

Kreuze an.

Selbstlaute vor ck und tz klingen ☐ lang. ☐ kurz.

Silbentrennung

Markiere Trennstellen. Schreibe mit Trennstrichen. Notiere die Silbenanzahl.

Herr	Ted|dy	Mann	Sonne
still	Füller	hell	schnell
Ball	rollen	alle	stellen
Blatt	bitten	Wetter	Mutter
essen	Klasse	Wasser	müssen
Zimmer	Pommes	Sommer	Himmel

	Silben		Silben
Herr	1		
Ted-dy	2		

Kreuze an.

Zwischen Doppelmitlauten wird oft getrennt. ☐ ja ☐ nein

! Das Trennen von Wörtern mit Doppelmitlauten sollte mit den Kindern besprochen werden.

Abschreiben Silbentrennung

Schreibe die Texte auf Seite 88 neben die passenden Bilder.

○	Ulla soll noch schnell den Müll vor die Tür stellen.	ll
○	Ellis billige Brille fällt in einen Teller voller Grillen.	ll
○	Quallen haben kein Fell und sie bellen auch nicht.	ll
○	Olli rollt helle Bälle durch die Turnhalle und brüllt.	ll
○	Alle Kinder wollen für eine Sekunde still arbeiten.	ll
○	Der satte Schmetterling flattert von Blatt zu Blatt.	tt
○	Dem schönen Wetter folgen leider öfter Gewitter.	tt
○	Ritter Otto rettet die schöne Jutta vor einer Natter.	tt
○	Wir bitten unsere Mutter um Futter mit wenig Fett.	tt

Markiere Trennstellen. Schreibe mit Trennstrichen. Notiere die Silbenanzahl.

Pup|pe	kommen	flüssig	Blätter
fallen	füllen	alles	Bälle
sollen	wollen	können	Männer

	Silben		Silben
Pup-pe	2		

Abschreiben

Schreibe die Texte von Seite 87 neben die passenden Bilder.

Groß- und Kleinschreibung

Unterstreiche die Namenwörter. Schreibe die Sätze richtig.

○	Diesen sonntag kann die sonne wieder scheinen.	2
○	Am morgen badet anne lang in ihrer badewanne.	3
○	Die kinder der klasse wissen einiges über flüsse.	3
○	Wir essen eine nuss nicht mit messer und gabel.	3
○	Wir schwimmen im sommer unter freiem himmel.	2
○	In ihrem zimmer sammelt oma krumme pommes.	3

Silben trennendes h

Schreibe die Wörter mit h.

wehen	drehen	gehen	stehen	Kühe
glühen	blühen	Flöhe	drohen	Rehe
nähen	Schuhe	ruhen	ziehen	Zehe

wehen

Markiere Trennstellen. Schreibe mit Trennstrichen. Notiere die Silbenanzahl.

ru|hen	glü|hen	blühen	Kühe
gehen	stehen	drehen	Rehe
nähen	ziehen	Schuhe	Zehe

	Silben		Silben
ru-hen	2		
glü-hen	2		

Kreuze an.

Selbstlaute vor dem h klingen ☐ lang. ☐ kurz.

Bei se-hen und Schu-he kann man das h hören. ☐ ja ☐ nein

! Zur Schulung des Sprachgefühls sind vorbereitende und ergänzende Sprech- und Hörübungen ratsam.

Silben trennendes h

Schreibe die Wörter mit h.

es weht	sie dreht	er geht	sie steht	Kuh
es glüht	es blüht	Floh	sie droht	Reh
er näht	Schuh	er ruht	sie zieht	es flieht

we-hen es weht	dre-hen	ge-hen
ste-hen	die Kü-he	glü-hen
blü-hen	die Flö-he	dro-hen
die Re-he	nä-hen	die Schu-he
ru-hen	zie-hen	flie-hen

Trage die Wörter mit h in die Lücken ein.

steht / Kuh • blüht • Schuh / geht

Leas linker ______ hat ein Loch. Lea ______ zum Schuster.

Berta pflegt ihre Blume gut. Die Blume ______ und duftet.

Auf dem Tisch ______ Milch. Die Milch ist von einer ______.

Kreuze an.

Bei steht und Kuh kann man das h hören.	☐ ja	☐ nein
Bei ste-hen und Kü-he kann man das h hören.	☐ ja	☐ nein

ab-

Schreibe die Tunwörter mit ab-.

ab-	-halten	-fragen	-schneiden	-sagen	-geben
	-suchen	-schauen	-warten	-duschen	-malen
	-kaufen	-schreiben	-waschen	-machen	-reisen

abhalten

Trage die Tunwörter mit ab- in die Lücken ein.

abschneiden • abgeben • abduschen • abreisen • absagen • abschreiben • abkaufen • abmalen

Die Kinder sollen einen Text von der Tafel ______.

Die Kinder sollen ein Bild von der Tafel ______.

Erni möchte Gerd einen Teddy für zwei Cent ______.

Erni möchte Gerd nichts von seinem Kuchen ______.

Termine beim Zahnarzt möchten viele am liebsten ______.

Am Urlaubsende muss man leider wieder ______.

Nach dem Bad soll Erna sich den Schaum ______.

Cindy möchte sich eine Scheibe vom Käse ______.

um-

Schreibe die Tunwörter mit um-.

um-	-steigen	-binden	-graben	-denken	-werfen
	-ziehen	-schauen	-räumen	-rechnen	-hören
	-fallen	-sehen	-drehen	-kleiden	-bauen

umsteigen

Trage die Tunwörter mit um- in die Lücken ein.

umgehen • umdrehen • umziehen • umwerfen • umrechnen • umfallen • umbauen • umsteigen

In einem Umkleideraum können wir uns ______.

Bei dem Spiel Memory muss man Karten ______.

Bei einem Orkan können sogar Bäume ______.

Beim Dosenwerfen muss man alle Dosen ______.

Das Haus ist alt. Man muss es komplett ______.

Man kann Stunden in Minuten ______.

Bei einer Zugreise muss man manchmal ______.

Die Lehrerin kann sehr gut mit Kindern ______.

Schreibe die Wörter mit ß.

Fuß	weiß	heiß	Straße	Soße	heißen
Floß	bloß	groß	größer	süß	grüßen
Spaß	gießen	fließen	schießen	schließen	stoßen

Trage die Wörter mit ß in die Lücken ein.

Fuß • groß • Spaß • weiß • heißen • heiß

Heiner häkelt Kleider für Puppen. Häkeln macht Heiner viel ____.

Oma schimpft. Opa hat die Fensterscheiben ____ gestrichen.

Ein Riese ist nicht sehr klein. Ein Zwerg ist nicht sehr ____.

Maja hat ein schönes Tor mit dem rechten ____ geschossen.

Tina hat zwei Freundinnen. Sie ____ Ina und Lina.

Am Nordpol ist es nicht so ____ wie in der Sahara.

Kreuze an.

Selbstlaute vor dem ß klingen ☐ lang. ☐ kurz.

Dehnungs-h

Schreibe die Wörter mit h.

fahren	sie fährt	Zahl	bezahlen	zählen
Zahn	Zähne	zehn	Ohr	wohnen
Sohn	nehmen	Jahr	Uhr	Verkehr

Trage die Wörter mit h in die Lücken ein.

Ohren • Jahr • Uhr/zehn • fahren/fährt • Zahn/Zähne • zählen/Zahl

Eine Woche hat sieben Tage. Ein ____ hat zwölf Monate.

Die ____ des Hasen werden Löffel genannt.

Lea und Leo ____ mit dem Zug. Lena ____ Rad.

Ali schaut auf die ____. Es ist ____ Minuten vor acht.

Uli will bis *99* ____. Die ____ *14* mag er am liebsten.

Opi fällt ein ____ aus. Nun hat er keine ____ mehr.

Kreuze an.

Selbstlaute vor dem h klingen ☐ lang. ☐ kurz.

In den Wörtern kann man das h hören. ☐ ja ☐ nein

Groß- und Kleinschreibung

Unterstreiche die Namenwörter. Schreibe die Sätze richtig.

○	Auch große zwerge sind nicht größer als tomaten.	2
○	Zum spaß verkleiden wir uns oft als weiße geister.	2
○	Wie heißen bloß die beiden männer mit dem floß?	2
○	Wir gießen die heiße soße über einen süßen kloß.	2
○	Die kinder schießen und stoßen bälle mit dem fuß.	3
○	Der enkel von anke grüßt alle tiere auf der straße.	4

Ankes Enkel

Kloß mit Soße

Männer

Schreibe die Texte auf Seite 98 neben die passenden Bilder.

◯	Der Lehrer spricht sehr lange über große Zahlen.	h
◯	An kühlen Tagen fühlt sich Tante Tina nicht wohl.	h
◯	Die kleine Sarah zählt einmal im Jahr ihre Ohren.	h
◯	Ein Zahnarzt muss in schlechten Zähnen bohren.	h
◯	Viele fahren nach Berlin. Maja fährt nach Mexiko.	h
◯	Die Bahn muss im Verkehr die Vorfahrt beachten.	h
◯	Die Köche nehmen Mehl und rühren es in Sahne.	h
◯	Für seine Uhr hat Uli mehr als zehn Euro bezahlt.	h
◯	Der Zwerg und sein Sohn wohnen in einer Bohne.	h

Markiere Trennstellen. Schreibe mit Trennstrichen. Notiere die Silbenanzahl.

neh|men	Uhr	fahren	Zahl
Verkehr	Jahr	Sohn	Zahn
wohnen	Ohr	zählen	zehn

	Silben
neh-men	2
Uhr	1

! Das Trennen von Wörtern mit Dehnungs-h sollte mit den Kindern besprochen werden.

Abschreiben

Schreibe die Texte von Seite 97 neben die passenden Bilder.

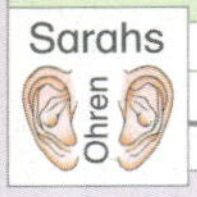

Mexiko

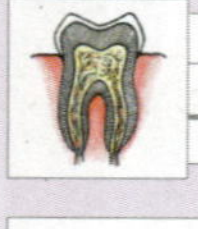

Wortfamilie

Ordne nach Wortfamilien.

zahlreich	Fähre	Bewohner	Autofahrt	Einzahl
Fahrzeug	wohnt	bewohnbar	Mehrzahl	zahlt
Wohnung	Fahrer	bezahlbar	Wohnwagen	zahlen
befahren	zählen	Einwohner	bewohnen	fährt
Fahrplan	Anzahl	bezahlen	Wohnzimmer	wohnen
Fahrkarte	fahren	Zahlwort	verzählt	Zahl

Wortfamilie zahlen

zahlreich		

Wortfamilie fahren

Fähre		

Wortfamilie wohnen

Bewohner		

Kreuze an.

Alle Wörter aus der Wortfamilie zahlen enthalten ein ☐ h. ☐ ä.

Alle Wörter aus der Wortfamilie fahren enthalten ein ☐ h. ☐ v.

Alle Wörter aus der Wortfamilie wohnen enthalten ein ☐ h. ☐ ß.

Wortfamilie

Ordne nach Wortfamilien.

~~Einkauf~~	~~weglaufen~~	~~Zufall~~	Einfall	verkaufen
Überfall	Kaufpreis	laufen	kaufen	Kaufmann
Auflauf	Verkäufer	fallen	fällt	Eierlaufen
käuflich	einkaufen	Unfall	Käuferin	abkaufen
Wettlauf	Holzfäller	kaufst	Lauf	Kaufhaus
verfallen	verlaufen	läufst	Abfall	Läuferin

Wortfamilie **kaufen**

Einkauf

Wortfamilie **laufen**

weglaufen

Wortfamilie **fallen**

Zufall

Kreuze an.

Bei <u>fallen</u> und <u>fällt</u> wird aus einem a ein ä.	☐ ja	☐ nein
Bei <u>laufen</u> und <u>läuft</u> wird aus einem au ein äu.	☐ ja	☐ nein
Alle Wörter aus der Wortfamilie <u>fallen</u> enthalten ein	☐ h.	☐ ll.

Merkwürdige Tunwörter

Schreibe die merkwürdigen Tunwörter.

sie liest	sie sieht	er gibt	es wird
sie isst	er frisst	sie misst	er vergisst
sie hilft	sie trifft	er will	er nimmt

lesen

sie liest

sehen

geben

werden

essen

fressen

messen

vergessen

helfen

treffen

wollen

nehmen

Kreuze die 4 richtigen Aussagen an.

- ☐ Bei essen und isst wird aus einem kurzen e ein kurzes i.
- ☐ Bei geben und gibt wird aus einem langen e ein kurzes i.
- ☐ Bei wollen und will wird aus einem kurzen o ein kurzes i.
- ☐ Bei Tunwörtern können sich die Selbstlaute verändern.
- ☐ Bei Tunwörtern bleiben die Selbstlaute immer gleich.

aa ee oo

Schreibe die Wörter mit aa, ee und oo.

Paar	Haare	Waage	Meer	leer
Tee	See	Klee	Fee	Schnee
Beet	Speer	doof	Boot	Zoo

aa

Paar		

ee

oo

Trage die Wörter mit aa, ee und oo in die Lücken ein.

Meer • Schnee • Tee / leer • Fee / Haare • Boot / See

Es ist Winter. Alles ist weiß. Der ______ glitzert in der Sonne.

Es ist Sommer. Stefan spielt am Strand und schwimmt im ______.

Die kleine ______ zaubert Heidi goldene ______ auf den Kopf.

Ruth und Rudi rudern mit ihrem ______ über den ______.

Thilo und Theo trinken ______. Thilos Tasse ist schon ______.

Kreuze an.

Die doppelten Selbstlaute aa, ee und oo klingen ☐ lang. ☐ kurz.

Merkwörter

Schreibe die Merkwörter.

Cent	Computer	Christbaum	Mai
Käfer	Mädchen	Pizza	sechs
Obst	Herbst	Spaghetti	Thermometer
Haare	Schnee	wohnen	Igel

C... Cent	C...
Ch...	...ai
...ä...	...ä...
...zz...	...chs
...bst	...bst
...gh...	Th...
...aa...	...ee
...oh...	I...

Kreuze an.

Merkwörter muss man sich merken. ☐ ja ☐ nein ☐ vielleicht

Merkwörter

Kreuze an.

Ich beginne mit einem C. Das C hört sich an wie ein ß.

☐ Clown ☐ Cent ☐ Computer ☐ Cola

Ich beginne mit einem C. Das C hört sich an wie ein K.

☐ Computer ☐ Cent ☐ Cindy ☐ Chef

Ich beginne mit einem langen I. Ich werde aber nicht mit Ie geschrieben.

☐ Indianer ☐ immer ☐ Igel ☐ Insel

Mein i ist lang. Ich werde aber nicht mit ie geschrieben.

☐ Biene ☐ Tiger ☐ Papier ☐ Zwiebel

Zwei merkwürdige Buchstaben in mir hören sich an wie ein ei.

☐ schlau ☐ Heu ☐ Mai ☐ Linie

Drei merkwürdige Buchstaben in mir hören sich an wie ein x.

☐ Kunst ☐ Arzt ☐ Obst ☐ Fuchs

Ich müsste mit tz geschrieben werden. Ich werde aber mit zz geschrieben.

☐ Katze ☐ Platz ☐ sitzen ☐ Pizza

In mir ist ein h. Man kann es auch beim Trennen nicht hören.

☐ fah-ren ☐ Kü-he ☐ Schu-he ☐ blü-hen

Ich werde in der Einzahl und in der Mehrzahl mit ä geschrieben.

☐ Mädchen ☐ Hände ☐ Männer ☐ Bälle

Bei mir kann man auch in der Mehrzahl kein b hören.

☐ Dieb ☐ Herbst ☐ Urlaub ☐ Korb